CONHEÇA O SEU FILHO

ANNA MARIA COSTA

CONHEÇA O SEU FILHO

5ª edição

QUADRANTE

São Paulo

2022

Copyright © ARES, Associazione Ricerche e Studi, Milão

Capa

Gabriela Haeitmann

Dados Internacionais de Catalogação na Publicação (CIP)

Costa, Anna Maria
  Conheça o seu filho / Anna Maria Costa. – 5ª edição – São Paulo : Quadrante, 2022.
  ISBN: 978-85-54991-59-3

  1. Filhos 2. Educação I. Título

CDD-28-455

Índice para catálogo sistemático:
1. Filhos : Educação 28-455

Todos os direitos reservados a
QUADRANTE EDITORA
Rua Bernardo da Veiga, 47 - Tel.: 3873-2270
CEP 01252-020 - São Paulo - SP
www.quadrante.com.br / atendimento@quadrante.com.br

Sumário

Conhecer os filhos para educá-los, 7

Os pais no dia a dia, 25

Descobrir o caráter dos filhos, 45

Conhecer os filhos
para educá-los

Conhecer bem os filhos é condição primordial de uma educação adequada.

Educar significa ajudar a crescer, ajudar a pessoa a desenvolver as suas *potencialidades positivas,* as suas capacidades, e ajudá-la a empregar os seus talentos. O fim do conhecimento é a educação, entendida como ajuda oferecida ao filho para favorecer o seu crescimento da maneira mais adequada. Não se trata, pois, de um conhecimento de tipo teórico e especulativo, mas de um conhecimento prático, com um fim preciso e com objetivos concretos a alcançar; tende a favorecer o crescimento completo da pessoa até à consecução da sua plena liberdade, que é liberdade física, intelectual, moral e espiritual.

Por outro lado, a tarefa de conhecer os filhos assume aspectos específicos, pois envolve diretamente o mais profundo do nosso ser. É um conhecimento subjetivo em sentido positivo, porque se baseia no afeto. Isto significa que não podemos nem devemos colocar-nos na posição de simples «observadores», permanecendo quase alheios às situações concretas e dispostos a alegar apenas que «o filho é desse jeito» e que nada podemos fazer para ajudá-lo nas dificuldades que tem de enfrentar.

Ser «psicólogo» ajudaria a compreender melhor os filhos? Diria que não. A característica fundamental de um conhecimento orientado para a educação é precisamente que esse conhecimento não se apoia apenas na psicologia, no sentido de que não é necessário sermos psicólogos ou lermos tratados sobre o assunto, correndo o risco de saber tudo sobre psicologia e nada a respeito dos próprios filhos. Além disso, este modo de agir pode tirar espontaneidade ao relacionamento entre pais e filhos e abrir caminho a juízos e «rótulos», que talvez não sejam ofensivos, mas com certeza são muito perigosos por se alimentarem de uma pretensa autoridade «científica»; e com esses juízos, acaba-se por dar como certo e pacífico que o filho «é assim» e que «não se pode fazer absolutamente nada».

Não são poucos os pais que levam o filho ao psicólogo, não tanto para obter um auxílio concreto que lhes permita compreenderem-se a si próprios no relacionamento com esse filho, mas para que o especialista confirme as suas próprias opiniões e assim possam sentir-se livres de qualquer responsabilidade pessoal. Isto revela uma tendência a querer conseguir um conhecimento teórico dos filhos, prescindindo ao mesmo tempo do relacionamento que se mantém com eles. Cito como exemplo um casal que pensava ter resolvido todos os seus problemas em relação ao filho pequeno depois que um amigo «especialista» lhes disse que o menino se achava na fase «edípica», e que, como todas as crianças passavam por essa fase, não se podia fazer absolutamente nada. Pelo contrário, é necessário perguntarmo-nos constantemente até que ponto *nós* estamos envolvidos na vida do nosso filho e o que podemos fazer de concreto para ajudá-lo a crescer num clima de verdadeira liberdade.

Todo o relacionamento humano enriquece o caráter de uma pessoa, desde que nos aproximemos dela com confiança e de alma aberta. Os próprios filhos podem ajudar muito os seus pais a corrigir certos defeitos de caráter, desde que os pais estejam dispostos e preparados para acolher os filhos como pessoas.

É conveniente recordar a este propósito que não é «bom pai» aquele que se apresenta aos filhos como um ser infalível, mas aquele que, esforçando-se por viver retamente, também está disposto a reconhecer os seus erros quando se engana. O fato de os filhos verem os erros de seus pais não os deseduca, pois errar é humano; importante é que o pai e a mãe sejam sinceros em admitir esses erros e se esforcem por não repeti-los.

Os erros mais comuns

Dizíamos atrás que os pais estão diretamente envolvidos no conhecimento dos filhos; que põem neste conhecimento tudo o que são: o seu afeto, as suas esperanças, a sua emotividade, as suas ideias e tudo o que, por sua vez, receberam de seus pais, de maneira mais ou menos consciente. Rever e considerar novamente estes aspectos pode ajudar e favorecer o conhecimento dos filhos, mas isso deve fazer-se acompanhar da disposição de retificar tudo o que for necessário.

Os erros «pedagógicos» mais difundidos entre as famílias podem reduzir-se fundamentalmente a dois.

Um deles consiste em considerar os filhos mais como objetos a serem moldados do que como pessoas; neste caso, tendemos a atribuir ao termo *educar* um significado quase exclusivamente negativo, como sinônimo de *corrigir, endireitar, aperfeiçoar.* Entendida neste sentido, a educação acentua a necessidade de tirar defeitos e de evitar que o filho adquira maus hábitos; isto pressupõe um conceito de pessoa restrito e parcial, e em qualquer caso não realista, pois não toma em consideração o filho *como é,* mas sim os objetivos que os pais *querem* realizar; ou seja, põe-se o acento mais sobre os objetivos do que sobre a pessoa, exigindo em demasia e demasiado cedo.

O outro erro consiste na atitude oposta à anterior, e provém da supervalorização das capacidades inatas da criança e de uma política de «não intervenção» por parte dos pais, que se manifesta nas diversas formas de permissivismo educativo (ou melhor, deseducativo), tão de moda nos dias de hoje. Pensar «bem, acabará por aprender sozinho» é, as mais das vezes, somente uma forma de comodismo que visa excluir qualquer participação ou intervenção dos pais.

Em ambos os casos, falta não só uma correta «pedagogia familiar», com objetivos claros e amplos a serem alcançados com o decorrer do tempo e na medida mais adequada à personalidade do filho, como também um bom conhecimento deste e das suas capacidades reais.

Um conhecimento correto dos filhos toma como ponto de partida a sua personalidade; baseia-se no senso comum e pode ser conseguido por qualquer pai, independentemente do seu grau de cultura. A arte de educar – pois trata-se de autêntica arte – consiste em respeitar a pessoa do filho sem, no entanto, abdicar das normas e objetivos que, numa família, são válidos para todos. Um exemplo: é conveniente que na família haja uma divisão de incumbências e funções, mas é também conveniente que a distribuição das tarefas tenha em conta a idade, a capacidade, os interesses e o grau de responsabilidade alcançados por cada um dos filhos.

O perigo dos «rótulos»

No trabalho de conhecer o caráter dos filhos, é necessário respeitar o ritmo natural de crescimento de cada um e excluir qualquer juízo categórico, qualquer «rótulo».

Este perigo está sempre presente em todas as famílias. Quando dizemos que Júlia é boa e estudiosa, Francisco desobediente e rebelde, Jorge preguiçoso e relapso, Ana altaneira e petulante, Lúcia tímida e introvertida, lançamos mão de «rótulos» que, no máximo, podem referir-se a um aspecto apenas da personalidade do filho, mas que felizmente não compreendem «toda» a pessoa.

Nestes casos, o «rótulo» limita o conhecimento. É como um espelho deformante, que reflete sem dúvida a imagem, mas de que jeito? Torna-se somente um índice da rigidez interior de quem o aplica; neste caso, dos pais que não conseguem captar senão um único aspecto do filho, e que estendem esse aspecto, de maneira totalmente arbitrária, à pessoa inteira.

Na maioria das vezes, estes rótulos nada mais são do que a expressão dos nossos preconceitos a respeito do mundo e das coisas, a expressão dos nossos esquemas mentais, que nada têm a ver com a realidade, mas a ela se sobrepõem e a interpretam da maneira mais leviana e gratuita.

Quando nasce uma criança, é fácil perceber logo como é e com quem se parece. A semelhança física entre filhos e pais é algo que comove e que muito contribui para o ar de família. Mas quando aplicadas ao comportamento, as semelhanças traduzidas em frases do tipo «é igualzinho ao pai», «comporta-se exatamente como o avô, ou como o tio», etc., acabam quase sempre por dificultar o conhecimento.

Com efeito, é frequente os filhos comportarem-se de acordo com as nossas expectativas e segundo os modelos que lhes apresentamos. Se salientamos numa pessoa apenas as semelhanças com um parente mais velho, facilmente ela continuará a seguir esse modelo – que nós mesmos lhe pusemos diante dos olhos – e a agir segundo esse estilo, mesmo que não seja senão para fazer-se notar. Neste caso, somos nós mesmos que induzimos nos filhos determinados hábitos de comportamento.

O conhecimento torna-se ainda mais difícil quando se usam rótulos para fazer comparações entre os filhos, especialmente se esses rótulos se limitam a medir de modo superficial o rendimento de cada um («Paulo estuda mais do que Maria...»), e se não se aprofunda nos motivos das dificuldades encontradas por este ou aquele filho, mas apenas se isola do contexto um aspecto da sua personalidade. Como se isso não bastasse, é frequente fazerem-se essas comparações na presença dos próprios filhos ou de terceiros (avós, amigos), o que cria ou aumenta ciúmes, invejas, rivalidades, que mais tarde complicam o relacionamento entre irmãos e entre pais e filhos.

Como cada filho é diferente, as soluções, as atividades, as repreensões e os castigos que servem para um podem ser completamente contraindicados para outro. Cada filho implica um relacionamento singular com os pais, um relacionamento educativo único, um problema único a ser resolvido. É indispensável, portanto, que a educação se concentre estritamente na pessoa, que cada providência a tomar seja «sob medida» para ela, como um terno. Mas para isso é preciso conhecer bem os filhos.

Outro lugar-comum que ocorre frequentemente nas famílias diz respeito ao «caráter»; sempre se diz que uns filhos têm «bom caráter», e outros «mau caráter».

O caráter – tomado em sentido muito amplo, para indicar a maneira de ser singular, particular, de uma pessoa – não é em si nem bom nem mau, pois é simplesmente a sua maneira de ser, de expressar-se, de manifestar as suas disposições naturais, disposições em que convergem fatores emotivos, afetivos e intelectuais. Portanto, qualificar como «bom» ou «mau» o caráter de um filho é apenas fazer uma avaliação subjetiva das suas qualidades. Não raramente se diz que tem «bom caráter» o filho que dá menos problemas ou aquele que «dá mais satisfações»...

Aprender a dois o mister de pais

O conhecimento dos filhos começa no berço, e envolve já desde esse momento tanto o pai como a mãe. Mesmo que seja a mãe a pessoa mais diretamente empenhada nos cuidados a prestar ao recém-nascido, a importância do pai e o seu papel específico no primeiro período de vida da criança não se podem relegar a um plano secundário. Assim como é necessária a união de duas pessoas – o pai e a mãe – para dar vida ao filho, é imprescindível a participação de ambos no seu crescimento e educação, a fim de auxiliá-lo a desenvolver-se da maneira mais conveniente e oportuna, ainda que, logicamente, as tarefas e o papel de cada um sejam bem diferentes.

Em muitas famílias, o pai participa diretamente nos cuidados a prestar ao recém-nascido, mesmo que estes consistam apenas em alimentá-lo ou trocar-lhe as fraldas; isso são, porém, trabalhos práticos que deverão ser avaliados no interior de cada família em função das suas necessidades e da sua organização, e não esgotam o papel do pai de família, que é muito mais amplo. Por outro lado, mesmo que o pai tenha muitos afazeres e passe a maior parte do tempo fora de casa, deve participar desde o início na vida do filho e, juntamente com a esposa, ocupar-se do seu crescimento e de todos os problemas relativos ao seu desenvolvimento; procurará compreender quais os hábitos do recém-nascido – cada um é diferente dos outros –, e não pensará que este primeiro período de vida é problema exclusivo da mãe, e que a ele cabe, quando muito, intervir mais tarde.

É importante que a mulher não viva a maternidade como uma pesada responsabilidade de que o marido estaria livre porque, «afinal de contas, ele não entende nada de bebés». Com o correr do tempo, esta atitude criaria um mal-estar e uma hostilidade para com o marido que não deixariam de manifestar-se logo às primeiras dificuldades que a mãe inexperiente não soubesse resolver sozinha.

Assim como na vida se aprendem tantas coisas, também se pode aprender o difícil mister de pais. «As únicas discussões entre mim e meu marido são por causa dos filhos»; «nós só brigamos por causa dos filhos»; «nós nos entendíamos tão bem, até que nasceu o primeiro filho». Estas e outras frases do mesmo gênero estão, infelizmente, na ordem do dia, o que indica com frequência que os filhos são vistos como causa de desentendimento entre os pais, em vez de serem a razão última da sua união e do seu amor. Deve-se atribuir essa situação aos filhos ou, pelo contrário, aos pais que não sabem harmonizar o seu papel de pais com o de cônjuges, e que não atingem, portanto, uma plena maturidade pessoal?

A primeira condição para uma educação correta dos filhos reside essencialmente no bom entendimento entre os pais, o que exige, como primeira consequência, que se instaure na família um clima de serenidade, de afeto, de compreensão recíproca, de otimismo em face das dificuldades, de alegria – elementos todos indispensáveis para o crescimento de cada filho.

Cinco pontos de apoio para os pais

Um conhecimento do filho que vise ao seu crescimento e educação, e que tenda a evitar os diversos «não o entendo mesmo», «tem um caráter tão difícil, não sei mais por onde pegá-

-lo» – frases que geralmente não revelam tanto o «caráter difícil» do filho, mas as dificuldades encontradas pelos pais –, requer normalmente as seguintes premissas básicas da parte dos próprios pais:

– Um honesto e completo *conhecimento de si próprios,* das suas qualidades e defeitos, do modo habitual de reagirem em face das diversas circunstâncias. Quanto mais nos conhecermos, tanto melhores condições teremos para ajudar os outros.

– *Flexibilidade interior,* que está ligada ao conhecimento de nós mesmos, e que implica reconhecermos e aceitarmos também os aspectos mais difíceis do nosso próprio caráter, não para contemplá-los, mas para podermos melhorá-los e superá-los gradualmente.

Significa, além disso, saber que ninguém é infalível, e que sempre necessitamos do conselho e da ajuda do próximo, seja ele o outro cônjuge, o médico, o avô, o pediatra, a professora, a babá ou os amigos.

A flexibilidade interior opõe-se à rigidez excessiva, que não denota força de caráter, mas, pelo contrário, fraqueza; os pais rigorosos têm grande dificuldade para se conhecerem a si próprios e, consequentemente, para compreenderem os outros em geral e os filhos em particular. Recusam a ajuda dos outros e não admitem discutir ou rever as suas «ideias» a respeito da educação dos filhos, que são sempre «as melhores».

A flexibilidade interior manifesta-se em *saber ouvir* e, portanto, em *saber aceitar* o outro enquanto diferente de nós e, em certo sentido, complementar. Diz-se que quatro olhos enxergam melhor que dois: o saber ouvir inclina-nos a aceitar sugestões, conselhos e opiniões para confrontá-los com as nossas, em vez de rejeitá-las só por serem «diferentes».

– *A coerência,* isto é, a atitude pela qual se fazem concordar as ações com os princípios, com as decisões e com a responsabilidade pessoal. Para atuar deste modo, é necessária uma boa dose de estabilidade emotiva, bem como saber refletir e saber levar a bom termo uma ação que se começou. É necessário também agir com franqueza e lealdade: a franqueza consiste em querer manifestar claramente o próprio pensamento, sem ter qualquer intenção de enganar nem de mostrar-se diferente de como se é na realidade; já a lealdade consiste em reconhecer o que é verdadeiro, mesmo que isso fira o interesse pessoal. Os pais evitariam muitos desentendimentos, tanto entre eles como com os filhos, se pusessem na base do seu relacionamento uma boa dose de franqueza, lealdade e sinceridade.

– *A generosidade,* que implica reconhecer que o filho não pertence só à mãe, e que, portanto, ela deverá procurar não ser demasiado «possessiva». Muitas mulheres chegam ao ponto de excluir de, maneira mais ou menos evidente, o pai da educação do filho desde os primeiros meses, considerando a criança quase uma «propriedade» pessoal, e portando-se como as únicas autoridades competentes, porque «sabem», «sentem», «intuem», etc. Cometem-se muitas tolices sob pretexto do chamado instinto materno, que existe, sem dúvida, mas que só funciona de maneira correta nos animais; estes, por outro lado, não contam com mais nada para orientar a sua conduta. No ser humano, o instinto deve andar unido ao bom senso, à experiência, à observação concreta, ao parecer do médico.

– *Os objetivos educativos.* É necessário ter metas a alcançar. O bom acordo entre os pais deve ter em vista, em primeiro lugar, os valores básicos, de modo a saberem discernir o essencial do acidental, o opinável do que não é opinável – especialmente em relação a esse período delicadíssimo da vida que é a adolescência.

É indispensável o entendimento entre os pais

O maior obstáculo que os pais podem encontrar no conhecimento e, consequentemente, na educação dos filhos é talvez a falta de entendimento entre eles próprios.

Frequentemente, mesmo sem se chegar a uma ruptura definitiva, podem existir entre os cônjuges rancores que acabam manifestando-se de forma disfarçada no dia a dia, privando de serenidade a vida de toda a família. Não nos referimos tanto às pequenas ou grandes discussões que podem surgir de vez em quando, mas às animosidades sutis contra o outro cônjuge, que podem durar anos sem nunca encontrarem uma solução na compreensão, no afeto, na paciência.

Amar verdadeiramente uma pessoa implica aceitar e amar até mesmo os seus defeitos, considerando-os simplesmente como um obstáculo ao seu crescimento e à sua plena liberdade individual. Portanto, querer bem ao próprio cônjuge significa também ajudá-lo a superar os aspectos ainda não totalmente amadurecidos do seu caráter.

Quando falta esta concórdia de fundo, os filhos se aproveitam e tendem a tirar partido das fraquezas dos pais para conseguir o que querem. Com efeito, convém observar que, enquanto os pais podem lutar com certas dificuldades para conhecer os filhos, estes, desde pequenos, compreendem perfeitamente os pais e o ar que circula em casa, e sabem qual é o momento mais oportuno para pedir e obter isto ou aquilo, pois «mamãe hoje não está nervosa» e «o pai está de bom humor», e assim por diante. Além disso, se falta um autêntico acordo baseado no afeto, os problemas que se arrastam sem nunca serem resolvidos acabam sendo um fardo cada vez mais pesado, que mais cedo ou mais tarde fará sentir os seus efeitos. Os filhos não podem respeitar ou depositar confiança naqueles que nem sequer souberam resolver os seus próprios problemas.

Mesmo que pareça supérfluo lembrar, nunca os pais deveriam brigar diante dos filhos: essas brigas são causa de muito sofrimento para as crianças e acabam fazendo com que o filho tome posição a favor de um ou de outro, gerando nele grandes tensões. Pior ainda seria procurar – mais do que o afeto – a compreensão e a aprovação dos filhos crescidos, apontando-lhes as faltas do outro cônjuge. Estes ares de vítima não deixarão de provocar, num segundo tempo, exatamente o efeito oposto. E por fim, quando falta um acordo de fundo, os filhos acabam por se tornar simples peças de xadrez no jogo das brigas paternas.

Os pais no dia a dia

A *aceitação* da pessoa do filho e o respeito por ele devem ser, desde a primeira infância, plenos e incondicionados. Uma vez nascida a criança, nenhum valor pode ter o fato de ter sido esperada ou não. Com efeito, não pode existir um relacionamento límpido e sereno com quem foi aceito de má vontade. Portanto, a primeira aceitação da pessoa, tal como ela é, coincide com a plena e serena aceitação do seu nascimento.

É necessário também convencer-se de que, por mais marcantes que sejam as semelhanças, cada pessoa é um ser único e irrepetível e, portanto, diferente de qualquer outro. É necessário, pois, habituar-se a considerar a pessoa na sua complexidade e totalidade, com os seus defeitos, mas também e sobretudo com as suas qualidades, que sempre existem, mesmo que nós não as vejamos.

Todos sabemos que, desde crianças, trazemos dentro de nós defeitos que talvez até hoje não tenhamos conseguido superar totalmente. Uma pedagogia familiar baseada unicamente em corrigir os defeitos torna-se pesada tanto para o filho que a suporta como para os pais. Pelo contrário, desenvolver as qualidades da pessoa ajuda-a a corrigir esses defeitos com o tempo. Portanto, trata-se de motivar os filhos a serem melhores, de encorajá-los quando encontram obstáculos, de saber elogiá-los no momento certo e incentivá-los nas coisas que mais lhes interessam; estes são os pressupostos mínimos para uma educação familiar centrada sobre a *pessoa* e baseada em valores positivos.

Os primeiros cinco anos de vida são muito importantes para a formação da personalidade do filho. É o período em que ele está quase que exclusivamente envolto no ambiente da própria família; quanto mais esta for serena e alegre, tanto mais será favorecido o crescimento adequado da criança.

Nestes primeiros anos de vida, os pais devem amoldar-se aos ritmos naturais de crescimento da criança – sabendo que esse crescimento não é somente físico –, sem criar etapas «teóricas» de desenvolvimento, que podem muito bem não corresponder às capacidades concretas do filho.

Não existe, pois, uma idade fixa em que a criança «pode» comer sozinha, servir-se de água, amarrar os sapatos, fazer a cama, etc. São funções que dependem em boa parte das faculdades motoras e do autocontrole de cada filho: a criança pode já tê-las conseguido em certo grau, mas devem ainda desenvolver-se gradualmente através do exercício. Evitemos, portanto, prejudicá-las com afirmações categóricas – «antes dos seis, ou dos dez, ou dos catorze anos, não se deve fazer isto ou aquilo»; ou «isto não está ao alcance da criança» –, e procuremos primeiro ver se se trata de critérios reais, isto é, se correspondem às capacidades daquela criança em concreto; é bem possível que esses critérios espelhem antes as nossas dificuldades em compreender o que realmente pode ou não pode estar à altura das suas faculdades.

Evitemos também que se fixem na primeira infância certos hábitos que não são estritamente necessários ao crescimento da criança e que servem apenas para reforçar um laço de dependência que é bem diferente do afeto por ela: como, por exemplo, trazê-la ao colo porque «não sabe ficar sozinha», ou «não dorme sem a mãe ninar ou se não lhe seguram a mão», etc. Evitemos, em suma, criar demasiados «ritos», considerando que a nossa espontaneidade e flexibilidade neste período é também a do filho. Se somos pessoas que gostam desses «ritos» e não podemos passar sem eles, será necessário reconhecê-lo com franqueza e não passar a responsabilidade para o filho, afirmando que «foi ele que o quis», «foi ele que o pediu, que "decidiu", é ele que não renuncia a isso», etc.

Respeitar os filhos

O respeito à criança deve levar a moderar o excessivo perfeccionismo de certas mães que quereriam que o filho brincasse sem se sujar, que não desordenasse a casa, que estivesse sempre imaculado...; são mães que se preocupam demais com a forma e muito pouco com a substância. As crianças só pouco a pouco aprenderão «a fazer bem as coisas»; portanto, devemos intervir só para corrigi-las gradualmente e sempre com muita tolerância, visando aos aspectos positivos das diversas situações: isto é, advertindo-as não tanto do que «fazem mal», mas do que «poderiam fazer ainda melhor se...»

O respeito deve, além disso, moderar a excessiva preocupação com que as mães tendem a substituir-se aos filhos, quando são elas que decidem se está fazendo muito frio ou muito calor, se o menino está com sede, com fome, etc.; as crianças sabem usar os cinco sentidos e estão em condições de perceber e de manifestar que precisam de alguma coisa, desde que lhes demos oportunidade para fazê-lo. Respeitemos o ritmo natural de crescimento também no que se refere ao aprendizado: não procuremos criar a qualquer preço uns filhos «precoces».

Durante a infância, brincar é para a criança uma necessidade fundamental: é a expressão própria da sua vitalidade e da sua imaginação. Procuremos, pois, que brinque muito, com brinquedos sólidos, apropriados à sua idade e às suas preferências, que respeitaremos o mais possível, mesmo que o barulho de suas «construções» nos incomode ou aquela velha boneca – a preferida – nos pareça feia demais. É igualmente muito educativo que as crianças construam, desenhem, pintem, modelem e, para os que têm um jardim, brinquem com água e terra.

Devemos também aceitar as suas primeiras amizades com aquele senso de paternidade e responsabilidade com que gostaríamos que os outros pais acolhessem os nossos filhos. As crianças têm necessidade das outras crianças: façamos por promover nelas a generosidade e o senso da amizade. Faltam autoridade e segurança àqueles pais que «escolhem» os amigos de seus filhos porque «assim se sabe com quem andam» e «fica-se mais tranquilo».

Na adolescência manifestam-se as primeiras rebeliões. É um tempo muito delicado para o rapaz e muito complicado para os pais. É o tempo em que nele se consolidam os relacionamentos estabelecidos anteriormente, e em que se torna particularmente difícil para o pai determinar como há de ser a aceitação e o respeito. Como regra geral, é conveniente distinguir o que é estritamente pessoal, como por exemplo os interesses, dos valores universais, como o empenho e a constância em levar a cabo a tarefa começada; e é necessário, ao mesmo tempo, exigir que sejam respeitados esses valores universais e deixar a máxima liberdade nas coisas que são meramente pessoais.

Confiança e confidência no interior da família

Há nos filhos, desde pequenos, uma tendência natural a procurar os pais com total *confiança;* criar obstáculos a essa tendência equivale quase a negar a relação paterna que os filhos esperam com a máxima naturalidade. Acontece com frequência escutar de pessoas já adultas amargas queixas por não terem tido com seus pais um relacionamento de confiança e de confidência: «minha mãe era muito fria», «nunca pude trocar uma palavra com meu pai», «nunca pude entrar em confidência com os meus pais», «não tinham confiança nenhuma no que eu fazia». Se percebermos que estas palavras podem vir a ser ditas daqui a alguns anos pelos nossos filhos, porque ainda hoje falta entre nós um clima de confidência, indispensável para um conhecimento completo, precisamos descobrir a causa dessa situação, revendo o nosso comportamento habitual. Há várias atitudes básicas a serem revistas. Vejamos algumas.

A SEVERIDADE EXCESSIVA

Manifesta-se quando somos demasiado exigentes, quando queremos tudo, «para já», e bem feito; ou então, quando temos tendência a repreender com excessiva frequência, ao longo das vinte e quatro horas do dia, sempre pelas mesmas faltas – os deveres da escola, o quarto em desordem, etc. Não é a «quantidade» das repreensões que ajuda a fazer bem uma coisa, mas sim a justa motivação para fazê-la. Com efeito, as crianças desanimam facilmente e deixam de olhar com serenidade e confiança as pessoas que só têm palavras de repreensão para com elas.

As preocupações excessivas

Não seremos talvez pais excessivamente preocupados, mais interessados na nossa tranquilidade emotiva do que no bem real dos filhos? Teremos receio até das suas iniciativas legítimas e positivas, só porque podem trazer-nos problemas ou obrigar-nos a sair do nosso comodismo? Mostramos continuamente aos filhos que nos dão preocupações, que «com você nunca se pode estar tranquilo», etc.?

Os filhos não suportam essas ansiedades por parte dos pais e chegam a pensar bem cedo que é melhor fazer as coisas às escondidas. Portanto, se somos pais ansiosos, temos o dever de nos corrigir e, em qualquer caso, de resolver de modo positivo uma tendência que a longo prazo dificulta o relacionamento familiar.

A DEPENDÊNCIA DOS AVÓS

Em muitos casos, a convivência com os avós é algo necessário, e essa circunstância pode eventualmente vir a ter efeitos negativos, se cada um não permanece no seu lugar, sem interferir nos outros.

É conveniente, pois, fixar quanto antes os respectivos papéis e, em qualquer caso, definir os valores e os objetivos que formam o estilo de vida do lar e que devem ser respeitados. Para tomar essa medida, não é necessário aguardar o primeiro incidente.

A primeira coisa importante a verificar é o grau de *independência* alcançado pelos pais em relação aos avós. Isto porque há adultos que, na presença dos pais anciãos, se tomam e se comportam como meninos, aceitando que eles se intrometam até nos aspectos mais íntimos e pessoais da sua vida, como é precisamente a educação dos filhos; e estes percebem imediatamente quem é o mais forte e comportam-se de acordo com a situação. Verificamos então, com desapontamento, que os «não» peremptórios que recebemos dos nossos filhos não ocorrem quando estes tratam com a avó, talvez mais «autoritária» do que nós, mas mais segura e decidida. Ou permitimos que o avô estrague o neto e lhe conceda muito mais do que o devido, porque o avô é velho e não sabemos encontrar a medida exata de afeto e coragem para dizer-lhe que não o faça. Seja como for, trata-se de uma forma de dependência emotiva que deve ser resolvida gradualmente, definindo os nossos objetivos e não aceitando que venham a ser questionados.

Como conquistar a confiança dos filhos

O afeto é, sem dúvida, uma boa base para estabelecer uma relação de confiança, mas não basta. Com efeito, observa-se uma tendência a querer depositar a confiança em pessoas que, além de nos quererem bem, possuem autoridade, competência e prestígio.

A sinceridade na família facilita essa confiança e a confidência dos filhos com os pais. No relacionamento familiar, esta virtude deve ser vivida até às últimas consequências, acompanhada da discrição e do respeito, que os pais devem ser os primeiros a viver. Nos pais, a sinceridade deve nascer da firme vontade de nunca enganarem os filhos, demonstrando-lhes que não há assunto nenhum de que não se possa falar em casa, nem situação alguma que não encontre compreensão, afeto e ajuda.

Da mesma forma, a obediência dos filhos pequenos deve nascer da confiança e não do medo de serem castigados. Só assim a obediência serve para cimentar a confiança natural que os filhos nutrem pelos pais: a obediência será o resultado da afeição que os pais têm pelos filhos.

Um bom clima de confiança exige que o pai reconheça ao filho o «direito de errar». Não é justo, portanto, pretender que os filhos sejam «perfeitos». No desempenho das primeiras pequenas tarefas, deve-se exigir que o compromisso livremente acolhido seja levado até o fim, mas também se deve respeitar a maneira como o encargo foi executado. Se necessário, dever-se-á repreender sempre o *erro,* mas com muito afeto, sem fazer um juízo categórico sobre toda a pessoa. «Você é mau porque fez isso e aquilo...», «não gosto mais de você», «vá embora», etc.

A aceitação e o respeito devem ser plenos também no que se refere à vida afetiva do menino, isto é, dos seus sentimentos: deve-se ter compreensão com os muito pequeninos já quando se manifestam neles os primeiros ciúmes em relação aos irmãos, procurando ajudá-los a superar esses momentos particulares do seu desenvolvimento que, se resolvidos de maneira positiva, fortalecem também os laços de confiança com os pais.

Na adolescência, é particularmente importante basear o relacionamento com os filhos na confiança e na confidência. Os pais não devem tomar atitudes de «espião», que são completamente deslocadas e por demais aviltantes. Deve--se respeitar a privacidade do rapaz e da moça; por isso, não se pode agitar diante dos parentes e dos amigos da família as bandeiras dos insucessos escolares, nem das primeiras simpatias, e muito menos dos hábitos de cada um. É bom lembrar-se também de que tanto os pequenos como os adolescentes são muito sensíveis ao sentido da justiça, e que esta deve ser vivida em primeiro lugar dentro da família. É conveniente, pois, que os pais tenham ideias claras a esse respeito e que, eventualmente, se ajudem um ao outro para saberem distinguir o que é autenticamente justo do que não o é.

Estar com os filhos

Não podemos conhecer uma pessoa com quem nunca ou quase nunca convivemos. Frequentemente, o excesso de trabalho, tanto em casa como fora, e sobretudo a falta de uma programação racional e adequada às exigências da família, reduzem muito o tempo dedicado à convivência com os filhos. Devemos, pois, começar por rever a nossa organização familiar.

Antes de mais nada, a casa não é uma pensão, mas um lugar de encontro e convivência. E para que o seja, é necessário *habitá-la,* isto é, viver nela de forma ativa. Os pais devem ser os primeiros a dar exemplo nesta matéria, procurando em primeiro lugar tornar a casa funcional e agradável, a fim de que o trabalho de conservação que ela requer seja rápido e racional, sem atropelar as pessoas que dela se ocupam, tomando-lhes todo o tempo e energias.

É conveniente que a mãe procure economizar o seu tempo mantendo a casa em ordem, virtude quase fora de moda, mas tão prática e eficaz: aquela ordem que, segundo diz o ditado, «coloca cada coisa no seu lugar e faz economizar tempo, fadiga e palavras destemperadas»; o pai, por sua vez, deve procurar não considerar a casa somente como o lugar onde, finalmente, «pode enfiar os chinelos».

A ordem, a regularidade, a programação adequada, a divisão do trabalho – de que os filhos participarão gradualmente – farão do lar um lugar de convivência feliz e serena, donde desapareceu todo o tipo de mau humor.

É necessário, pois, aprender a programar o tempo em função dos objetivos a que nos propomos. Se não tivermos objetivos, é fácil que o tempo se torne um tirano; estaremos sempre «muito» ocupados, e as próprias perguntas da criança e seus incessantes «porquês» – supérfluos para nós – nos deixarão aborrecidos; e procuraremos evitar essas situações, convidando quase sempre os filhos a não nos importunarem, pois «a mamãe tem muito que fazer; que perguntem ao vovô, que é muito mais paciente e sereno».

Não é, pois, tão importante saber *quanto* tempo passamos com os filhos, mas *como* o passamos. Ter objetivos ajuda a programar melhor o dia: se nos propusermos, por exemplo, a fomentar a participação dos filhos, mesmo que ainda pequenos, na vida de família, em vez de considerá-los sempre um «tropeço» nos nossos afazeres, faremos com que até os breves momentos que podemos passar com eles produzam frutos.

É óbvio que «estar juntos» não quer dizer «fiscalizá-los» contínua e obsessivamente, atitude típica das mães excessivamente preocupadas. As crianças não devem ser sufocadas com uma contínua vigilância.

No «estar juntos» inclui-se logicamente a participação nas *diversões:* brincar com os filhos é uma ótima maneira de conhecê-los. Brincar quer dizer, basicamente, colocar-se no nível do filho e olhar o mundo com os seus olhos. Podemos descobrir inúmeros aspectos da personalidade dos nossos filhos participando das suas brincadeiras; e aquele filho que nós achávamos desastrado e impaciente revela-se, pelo contrário, muito preciso e atento nos jogos de montagem; e a filha que «grita» com a sua boneca, o que faz é imitar-nos com perfeição, até nos agudos da nossa voz; e aquele outro, que nos parecia tímido e reservado, transforma-se em líder quando participa de jogos coletivos; e assim por diante.

O «estar juntos» implica uma participação ativa na vida uns dos outros, e é isso que distingue a autêntica «vida de família», da vida dos que moram numa mesma pensão. Participemos, pois, das coisas que interessam ao nosso filho, mesmo que sejam inteiramente diferentes das nossas, procurando compreendê-lo o mais possível e, portanto, respeitá-lo. Isto é muito importante sobretudo na adolescência, que é o tempo em que a participação do rapaz ou da moça na vida da família se torna mais ampla e as suas tarefas gradualmente «mais importantes».

Uma boa ocasião para «estar juntos» são os passeios de toda a família. Entre nós, falta completamente o hábito das pequenas viagens simples, com os filhos ainda crianças, completadas com passeios e caminhadas proporcionadas à capacidade de cada um, que aliás é sempre incrivelmente superior ao que a preguiça dos pais permite supor. Portanto, é necessário fazermos um primeiro esforço gradual por livrar-nos da mania do automóvel, aceitando a ideia de andar a pé e de que os filhos possam «passar frio», «suar e ficar roxos», enfrentando situações não previstas pelas prudentíssimas mães – gorro, cachecol, luvinhas, galochas, capa, guarda-chuva etc. tornam-se inúteis ou prejudiciais numa excursão –; e é justamente aí que se aprende que são diversas as constituições físicas e diversas as respectivas exigências.

Observar os filhos para compreendê-los

É bom começar por dizer que «observar» os filhos não significa «bisbilhotar», isto é, não pode ser ocasião para violarmos a sua intimidade pessoal. Somos bisbilhoteiros quando queremos saber tudo, mas quase unicamente para satisfazer as nossas exigências e para tranquilizar as nossas ansiedades.

O respeito à intimidade dos filhos é fundamental para estabelecer com eles um autêntico relacionamento de confiança. A tarefa de observá-los assume, portanto, uma feição inteiramente particular, porque se baseia na mais absoluta naturalidade e espontaneidade, o que torna necessária uma participação ativa na vida do filho: é uma observação destinada a captar e a incentivar tudo o que pode ajudá-lo a desenvolver-se como pessoa, com pleno respeito à sua liberdade.

Para consegui-lo, pode ser conveniente descer ao nível da criança, ver as coisas um pouco do ponto de vista dela; se soubermos fazê-lo, ficaremos admirados ao notar a enorme diferença que há entre o nosso mundo e o das crianças, e quanto o delas é rico, apesar das aparências. Como já dissemos, a observação e o conhecimento começam a partir do berço. Cada criança tem as suas exigências e é diferente de qualquer outra. Procuremos, portanto, respeitá-la e não impor-lhe de modo muito rígido os nossos horários. Seria mais oportuno que a mãe se adaptasse, por exemplo, aos horários de um bebê, e não o contrário.

A observação deve, pois, tender a saber não só «como é a criança», mas sobretudo como nós somos com ela; muitos dos seus hábitos dependem exclusivamente de nós e têm a sua origem no modo habitual com que nós mesmos nos conduzimos. É fácil perceber que muitas das preferências do filho resultam dos hábitos de seus pais.

Por último, é necessário empenhar-se em observar os filhos no seu relacionamento com os pais e também com os da sua idade; no seu comportamento em casa e fora dela, de modo a conseguir uma imagem completa da sua personalidade.

Na primeira infância, procuraremos portanto conhecer do nosso filho não só o seu tamanho, o peso, etc., mas também a sua capacidade e potencialidade de movimentos (o chamado desenvolvimento motor), perguntando-nos honestamente se somos pais que favorecem a educação física ou não. É penoso observar que há crianças já bem grandinhas que não aguentam um pequeno passeio porque «se cansam», «não estão acostumadas», e que não correm e não saltam porque «poderiam cair» e «machucar--se». Saber observar o filho significa também vê-

-lo como ele é com os demais meninos, sem porém usar de indulgência nas comparações.

Para orientar os filhos não é necessário nenhum diploma

Saber orientar não significa de maneira nenhuma mudar a personalidade do filho, mas ajudá-lo a crescer e, portanto, saber encaminhar os seus progressos e conquistas. Para fazê-lo, é preciso:

– ter um comportamento *realista,* com o fim de compreender as capacidades concretas do filho, sem pretender exagerá-las nem subestimá-las. No primeiro caso, seríamos levados a fixar objetivos excessivamente elevados para o filho; no segundo, não lhe daríamos oportunidade de desenvolver os seus talentos ao máximo;

– saber *motivar,* isto é, apoiar-se em tudo o que o filho tem de positivo ao propor-lhe objetivos concretos e adequados;

– saber *superar a nossa própria emotividade* e os aspectos negativos do nosso caráter. Se efetivamente estamos dispostos a superar a nossa emotividade, mesmo que isso nos custe um grande esforço, estaremos mais preparados para compreender os nossos filhos.

Para isso não se necessita de nenhum diploma específico; é preciso esforçar-se, isso sim, com sinceridade e constância, para manter uma boa dose de flexibilidade interior.

Descobrir o caráter dos filhos[1]

Dissemos no começo que, para conhecer os filhos, não é necessário sermos psicólogos, na acepção estritamente técnica do termo, mas que há um conhecimento dos traços mais salientes da pessoa, do seu modo habitual de ser, de reagir, de situar-se em face dos acontecimentos, que parte da simples observação e que está ao alcance de

---

(1) Faz-se neste capítulo um estudo de caracterologia, que, como a própria autora indica, não é uma disciplina estritamente científica, mas um estudo prático. A terminologia e a classificação empregadas não correspondem, pois, aos que se usam mais correntemente na psicologia moderna; em vez da palavra «caráter», por exemplo, adotar-se-ia o termo «personalidade». Dada a finalidade desta obra, que é a de proporcionar uma orientação prática aos pais, preferiu-se manter a terminologia original da autora (N. do E.).

qualquer pai ou mãe. Trata-se, com efeito, de um conjunto de observações sobre o caráter baseadas no senso comum, e que ao mesmo tempo encontram a sua confirmação no campo das pesquisas psicológicas: pela sua simplicidade podem, pois, ser utilizadas por qualquer pessoa animada de boa intenção, e são de segura confiabilidade pela sua base científica: a psicologia, ao contrário de tantas «modas passageiras», nunca negou o valor da experiência e do bom senso.

Tudo isto tem um nome difícil: *caracterologia*. Mas não nos deixemos impressionar; trata-se apenas de conhecimentos práticos que podem oferecer:

– a moldura externa em que enquadrar a pessoa que desejamos conhecer, o que poderá esclarecer-nos melhor os traços do seu caráter;

– a consciência de que cada comportamento dos filhos tem um significado próprio, porque é uma manifestação do seu caráter e é suscetível de uma intervenção educativa. Seria, pois, um erro primário conceber o caráter de uma pessoa como algo tão estável que não admite um trabalho de formação.

Observando cuidadosamente os filhos, notar-se-á como não é possível encontrar na classificação e descrição dos «tipos» um retrato fiel da sua personalidade; isso é algo evidente, pois cada indivíduo tem uma personalidade inteiramente original. Seria, pois, um erro enquadrar um filho no tipo «amorfo» ou «sentimental», mesmo que algum traço do seu caráter se situe neste tipo ou naquele.

Conhecer o caráter de uma pessoa significa, acima de tudo, tomar em consideração *todos* os elementos que o caracterizam, sem descurar nenhum e sem reduzir arbitrariamente a personalidade do indivíduo a um único conceito, erro em que se incorre quando se define um filho como maduro ou imaturo, introvertido ou extrovertido, altruísta ou egoísta.

O caráter compõe-se de elementos inatos e de elementos adquiridos. Os primeiros estão ligados ao organismo e não são suscetíveis de uma modificação total; são a constituição física, o temperamento e a inteligência (esta última nas suas várias formas: concreta, abstrata; lógica, imaginativa).

Os elementos adquiridos do caráter são:

– *o conjunto dos sentimentos;* a vida afetiva tem uma importância particular na formação do caráter;

– *o conjunto dos valores e dos ideais,* genericamente considerados como representações conceituais, que determinam a conduta e levam a preferir um modo de agir a outro;

– o *conjunto das atitudes,* consideradas como inclinação para reagir de um modo inteiramente pessoal; estão ligadas à vida afetiva e emotiva da pessoa.

A família pode exercer uma notável influência na formação dos sentimentos, dos valores e das predisposições. Na classificação e no estudo do caráter, foram tomados em consideração três elementos fundamentais que determinam o tipo caracterológico segundo a proporção com que se combinam; a *emotividade,* a *atividade* e a *ressonância das impressões.*

A EMOTIVIDADE

Por *emotividade* entende-se normalmente a intensidade das reações afetivas. Toma em consideração tanto a capacidade de reagir perante situações que, para outros, seriam totalmente inócuas, como a extensão dessas reações.

O emotivo tende a agitar-se, a comover-se e a preocupar-se por coisas que ele mesmo poderá admitir, num segundo momento, que objetivamente não valiam a pena serem tomadas tão a sério. Todos podem emocionar-se em certas circunstâncias; por isso, a melhor maneira de conhecer a intensidade das emoções próprias ou alheias é considerar a desproporção que pode existir entre o fato real que provocou a emoção e a intensidade desta. Uma forma muito acentuada de emotividade é a *ansiedade*.

A ATIVIDADE

Por atividade entende-se a tendência que leva a agir e a trabalhar mais pelo gosto da atividade em si do que pelo seu resultado. Em sentido caracterológico, a atividade corresponde a uma necessidade íntima e constante do indivíduo: é a sua «energia». É ativa a pessoa que, perante um obstáculo, procura superá-lo, e para isso aumenta a sua capacidade de ação. É inativa a pessoa que, ao contrário, desanima diante de um obstáculo.

A atividade caracteriza-se pela disponibilidade para estar sempre ocupado, mesmo nos tempos livres; pela facilidade e desembaraço no esforço; por passar da decisão à ação sem inércia; pela tenacidade na consecução dos propósitos, unida à facilidade e à rapidez em recuperar as energias gastas e à necessidade íntima de realizar imediatamente o que foi decidido.

Já a inatividade faz-se acompanhar de um certo cansaço e lentidão no agir, da inclinação evidente para a preguiça – que, no entanto, não é verdadeiramente preguiça, mas expressão de uma carência de energia –, da tendência para desanimar facilmente porque não se consegue fazer o que se quereria.

A RESSONÂNCIA DAS IMPRESSÕES

Por ressonância entende-se a medida das nossas reações às impressões externas. Estas podem ser *primárias,* se duram pouco; e *secundárias,* se a sua duração é longa. As reações do chamado tipo primário são imediatas e breves; as do tipo secundário não são imediatas e tendem a prolongar-se e a ser revividas no tempo. Os tipos primários tendem a viver no presente, ao passo que os secundários se ressentem muito da influência do passado.

O QUADRO CARACTEROLÓGICO

Da combinação desses três elementos – *emotividade, atividade, ressonância* – resulta o seguinte quadro:

Emotivo - inativo - primário	— nervoso;
Emotivo - inativo - secundário	— sentimental;
Emotivo - ativo - secundário	— colérico ou dinâmico;
Emotivo - ativo - primário	— apaixonado;
Não emotivo - ativo - primário	— sanguíneo;
Não emotivo - ativo - secundário	— fleumático;
Não emotivo - inativo - primário	— amorfo;
Não emotivo - inativo - secundário	— apático.

Este quadro tem o valor de um esquema de referência. Na realidade, nunca encontramos o tipo perfeito do fleumático ou, por exemplo, do amorfo, dada a complexidade da pessoa humana e a individualidade que a caracteriza. As páginas que se seguem devem, portanto, constituir apenas um ponto de referência para os pais, que lhes permita ampliar os seus conhecimentos e os modos de intervir no relacionamento com os filhos. É óbvio que este esquema não deve servir para aplicar um último «rótulo» aos filhos!

O nervoso

Características: *emotivo, inativo, primário*.

Extrovertido e absolutamente *primário* nas reações. Tem uma sensibilidade tumultuada e incoerente, uma inteligência desordenada e uma vontade inconstante. Tende facilmente aos entusiasmos e às contradições. Foge da solidão, gosta das mudanças e das novidades, da alegria e dos divertimentos. Mostra-se satisfeito de si próprio, vaidoso e desejoso de estima. Tendencialmente instável, tem uma aparência tensa e move-se por impulsos.

É violento e suscetível; procura emoções profundas e novas, e cai em frequentes contradições entre o que pensa e o que vive. É talvez o mais propenso à mentira. Hipercrítico e desconfiado, experimenta desejos elevados e inconstantes: tende a construir grandes projetos, que depois abandona. Fica satisfeito quando se acha em primeiro plano, fala continuamente de si, é hábil na conversa, procura impor-se por meio da crítica e do espírito de contradição, e pode chegar a assumir atitudes orgulhosas e de desprezo para com os outros. Amável e afetuoso, apresenta-se como o típico «menino simpático», que, no entanto, não se submete a nenhum esforço.

Modo de tratar: precisa de educadores muito francos e muito generosos, dispostos a aceitar pacientemente a sua emotividade e a saber orientá-lo. É contraindicada a severidade excessiva. Pode ser oportuno, sempre com o parecer do médico, ajudá-lo a conseguir um mínimo de calma, utilizando, se for preciso, um adequado tratamento fisiológico. Exige muita vigilância – mas não uma atitude de indiscrição ou curiosidade –, acompanhada de muita delicadeza no trato; as repreensões e as críticas não o educam, antes o levam a protestar com violência. Pode-se ajudá-lo a superar o seu desejo de exibir-se procurando descobrir-lhe motivos positivos, valores morais que o incitem a destacar-se, estimulando-o depois a fazer as coisas sempre melhor.

Na adolescência, é útil revelar e explicar ao filho os defeitos do seu caráter e quais os limites da sua personalidade; em qualquer caso, é preciso corrigi-lo com delicadeza sempre que erra e procurar responder-lhe com calma, evitando dar-lhe motivo para novas irritações. Demonstrar-lhe interesse repetidas vezes e elogiá-lo para sublinhar os seus primeiros sucessos.

Pôr em prática uma pedagogia ativa e viva; estimulá-lo à autoafirmação pelo domínio de si próprio e, durante a puberdade, ajudá-lo a analisar uma determinada emoção, para poder governá-la. Afastá-lo das suas falsas manias de originalidade, que o levam a assumir atitudes teatrais, e estimulá-lo a conseguir uma individualidade autêntica, meditada, decidida.

Dirigir-lhe a inteligência, atraindo-a para formas abstratas de raciocínio. Ensiná-lo a ver as coisas numa perspectiva ampla, a procurar o «como» e o «porquê». Ajudá-lo a dominar a força motriz por meio de uma atividade esportiva. Para isso, são muito úteis os trabalhos manuais: propor-lhe um único objetivo de cada vez, mas exigindo com firmeza e afeto que o leve até o fim. Ajudá-lo a ter um horário e a não deixar as coisas para «amanhã».

Quanto a tomar decisões, é impulsivo e decide precipitadamente, sem prever as consequências; por esse motivo, é conveniente levá-lo à ação em coisas que ponham em jogo a sua reputação, utilizando, como estímulo, o seu amor próprio. Os passeios ajudam-no muitíssimo. Quanto às manifestações típicas de impulsividade (teimosia, palavras, gestos), criar o vazio à sua volta e deixar que se extravase – desde que não se trate de manifestações graves –, aguardando que recupere a calma para lhe mostrar a sua fraqueza, comparando-a, bem mais tarde, com o domínio de si demonstrado por algum dos seus amigos.

É muito inconstante nos seus interesses e nas suas simpatias; a escola, com a sua regularidade e obrigações, ser-lhe-á de muita ajuda. Mas deve estar sempre ocupado: a família pode proporcionar-lhe algumas novidades e variedades nos jogos e nas atividades. De qualquer juízo negativo que se faça a seu respeito, dar-lhe uma explicação tranquila e afetuosa; é importante não sermos tímidos com os nervosos.

Inclina-se a faltar à objetividade e a mentir para enfeitar a realidade. Não se deve, pois, alimentar a sua imaginação, e é preciso fazer com que em casa tenha um ambiente pouco receptivo às suas «invenções», mas sempre sem muita severidade. É vaidoso e orgulhoso: procurar não extinguir-lhe o orgulho, que é parte do seu potencial, mas dar-lhe um rumo certo, de modo que se sinta satisfeito não tanto pela sua pessoa mas pelos seus atos. É preciso proporcionar-lhe ocasiões de conseguir um certo sucesso, tendo depois o cuidado de mostrar que «se notou», elogiando-lhe o esforço e o resultado. Nas suas «raivinhas», não ceder, e fazer com que ganhe consciência delas, mas com uma tranquilidade quase indiferente, sem ironia nem castigos. Desmontar-lhe os caprichos com poucas palavras e calma.

O sentimental

Características: *emotivo, inativo, secundário*.

É fechado e introvertido. Procura a solidão, não gosta de mudanças e novidades. Compraz-se nas coisas habituais e nas lembranças. Cai com frequência na melancolia, é tímido, mostra-se descontente de si próprio e pouco preocupado com o aspecto exterior. É dócil e sensível; uma simples repreensão pode feri-lo profundamente. Tem mudanças de humor lentas, mas profundas. É honesto e geralmente sincero. Conserva por muito tempo, firmes, as tristezas e as felicidades da infância: cada nova experiência se insere nas impressões já enraizadas; há uma continuidade muito forte entre a sua conduta atual e a vida passada. Indeciso e meditativo, não se integra facilmente e é propenso a isolar-se. Às vezes, a introversão muito acentuada pode levá-lo à arrogância, ao menosprezo e à falta quase total de sociabilidade. Falta-lhe senso prático.

Tudo pode marcá-lo profundamente; uma pequena descompostura, um sofrimento, um castigo.

Não se adapta facilmente à vida de grupo. Necessita particularmente de um ambiente escolar acolhedor. A sua *inatividade* leva-o a temer a ação, e a sua *emotividade* a temer as consequências da ação, passando por indecisões e escrúpulos. Pensa e raciocina com honestidade, mas caoticamente: nos estudos, manifesta pouca inclinação pelas matérias científicas. Sua timidez deve-se frequentemente a uma adaptação afetiva insuficiente.

Modo de tratar: o ambiente familiar é de grande valia do ponto de vista afetivo; é bom que seja um ambiente rico de afeto, mas sem muitos carinhos. Evitar-lhe, durante a infância, tanto as situações por demais penosas como uma atmosfera excessivamente carinhosa e suave. Procurar compreender bem as coisas e as situações que possam feri-lo, para ajudá-lo a esquecer e a aceitar também os fatos desagradáveis sem exasperar-se. Ajudá-lo a viver em harmonia com o ambiente; para isso, é preciso conseguir, enquanto não sair da adolescência, que se interesse pelo ambiente familiar, a fim de que não desanime e venha a isolar-se.

Não combater a introversão em si, mas combater o gosto pela solidão, pelo passado, pelas lembranças infantis, a obstinação por essas situações e o acabrunhamento. Estimulá-lo elogiando-lhe os primeiros êxitos, e rodeá-lo de um ambiente que o ajude constantemente. Usar de muita indulgência: não sublinhar nunca as suas fraquezas, mas propor-lhe uma meta a conseguir, e depois outra, sem deixá-lo pensar que seus insucessos sejam graves.

Dada a sua tendência à *inatividade,* ajudá-lo a tomar decisões modestas, mas progressivas. A atividade ajuda-o também a livrar-se de seus hábitos e manias; é necessário para isso descobrir quais as coisas que podem interessá-lo e provocá-las. Em qualquer caso, não deixá-lo por muito tempo no ócio contemplativo da leitura ou do diário íntimo. Certificar-se da firmeza dos seus conhecimentos religiosos, a fim de orientar a sua vaga religiosidade para uma religião autêntica.

Captar as suas veleidades, ajudá-lo a determinar-se, encorajá-lo e desfazer os seus «não vale a pena». Mesmo quando não tem nada de concreto a realizar, fazer com que o seu dia esteja preenchido, e ajudá-lo a superar com decisões autônomas a sua passividade.

Devido à sua intranquilidade, necessita do afeto firme e estável dos que o rodeiam. Evitar as humilhações que ferem a sua dignidade; os sentimentais apáticos aproveitam-se das humilhações para desprezar-se, para afastar-se mais da realidade; os sentimentais ativos, para conservar rancores e ódios.

Infundir-lhe confiança e coragem constantemente, mostrar-lhe com discrição (ou total silêncio) as faltas cometidas, e facilitar-lhe que se desculpe. No relacionamento afetivo, descobrir a sua sensibilidade, que é muito rica. Há sentimentais que na adolescência tendem ao dogmatismo e à utopia; é necessário revelar-lhes essas atitudes e fazer com que as reconheçam.

O colérico

Características: *emotivo, ativo, primário*.

É extrovertido, impulsivo, violento, excitável, com simpatias muito pronunciadas e sempre à procura de impressões novas. Desejoso de resultados imediatos; insincero pela tendência que tem para exagerar; muito loquaz e propenso a falar mais de si do que dos outros e das coisas. Nos primeiros anos da escola é um aluno turbulento, instável, agitado, atento a tudo; coleciona os objetos mais variados, é excessivamente rebelde, ofende os outros, insubordina-se com frequência e com acentuada hostilidade. Não tem complexos, é muito ousado, e alterna impulsos afetivos com atitudes bruscas e até rancorosas. Escolhe os seus afetos de modo exclusivo.

O ambiente familiar parece-lhe restrito e mesquinho: quer liberdade e procura independência. O companheirismo é uma das suas predileções; influi rapidamente sobre o grupo, com a facilidade da sua palavra. Participa com prazer dos trabalhos de equipe: fá-lo-á com maior entusiasmo se contribuir para as decisões. Mostra-se disposto tanto a executar um serviço com o maior empenho como a criar dificuldades. É generoso, compassivo e serviçal, mas só se interessa pelas coisas que aprecia. Sempre alegre e de bom humor, gosta de fazer piadas que, às vezes, chegam à grosseria. Tem senso prático e é dotado de capacidade inventiva. É francamente límpido; não mente para enganar, mas para exagerar, embelezar e colorir as suas próprias palavras. É capaz de uma fortíssima concentração quando tem de enfrentar uma situação inesperada e urgente; nas provas orais, exibe-se de maneira brilhante.

É sensível a tudo o que lhe dizem, à oratória, às aparências. Tem um comportamento sempre variável, mas sem má-fé. Nenhum colérico é um aluno excelente. Alcança um nível talvez aceitável, ainda que na maioria das vezes abaixo do normal. Seu otimismo é total. Possui uma inteligência prática (estudante medíocre, mas um vivo homem de negócios). Manifesta pouca inclinação pelos trabalhos escolares abstratos. Sonha com tudo sem nunca se decidir por nada; tem desejos vagos e dificuldade para escolher. Tende à improvisação e à precipitação. Sua rapidez intelectual é paralela à sua instabilidade emotiva.

Modo de tratar: dar oportunidades ao seu desejo de agir, através de atividades esportivas. Chega-se a ele pelo coração, e não com raciocínios lógicos. Uma ordem recebida estimula-o à rebelião e então faz exatamente o contrário. Dar-lhe sugestões e inspirá-lo a tomar decisões acertadas. Precisa de alguém com personalidade – professor, pai – que saiba impor-se para conquistá-lo.

Deixar-se-á guiar quando se sentir dominado por uma confiança viva e firme, sorridente e vibrante. Deve experimentar constantemente a nossa simpatia, mesmo quando for necessário censurá-lo. Evitar as críticas humilhantes na presença de outros, não tanto porque ficará marcado, mas porque não as aceitará e fugirá. Conversar com ele a sós, mostrando-lhe que o que fez não é digno dele, que vale muito mais do que aquilo que a sua atitude parece revelar.

Nada se conseguirá dele se não lhe forem dados objetivos que sejam do seu interesse. Respeitar os seus projetos, cultivá-los, precisá-los, lembrando-lhe que deve dedicar-se totalmente a prepará-los. O resultado então é duplo: orienta a sua atividade impetuosa e introduz nela *constância* e *humanidade*. Viver com ele a sua vida e os seus interesses; agradar-lhe-á profundamente esta atenção. Procurar integrá-lo o mais possível no ambiente escolar.

É necessário preparar-lhe alguns sucessos que o encorajem. Ajudá-lo a superar-se, confrontando-se consigo mesmo. Estar atentos à facilidade com que faz amizades: a sua conduta depende da companhia que tem. Necessitaria de um bom amigo que o tratasse com tato. Escolher para ele atividades em que as dificuldades não sejam senão obstáculos que a sua vivacidade ultrapassará. Substituirá assim as suas reações por uma ação positiva e ponderada. Deve-se fazer com que ganhe consciência da sua capacidade de concentração, para que possa reagir de maneira ponderada e não impulsiva a um fato imprevisto.

Organizar com cuidado o seu trabalho escolar, para o qual necessita de certa disciplina; e renovar-lhe constantemente os objetivos em que deve empenhar-se. Concentrar, ativar e vi-

vificar o estudo (tão necessário quanto no caso dos nervosos). É útil o método empírico. Fixar com ele a finalidade geral dos seus objetivos e do seu trabalho. E a seguir documentá-lo com informações e leituras que tornem concreto o seu caminho. Dar às suas coisas um tom de poesia e de aventura, sublinhar as pequenas vitórias escolares e pessoais, mostrar-lhe que avança dia após dia ao encontro de um futuro que ele mesmo escolheu: tudo isto é *disciplina da imaginação*. Obrigá-lo, quando trabalha, a agir com reflexão e cuidando dos detalhes: tem a tendência ao «mais ou menos». Infundir-lhe calma e confiança. Na educação, evitar que permaneça isolado ou na ignorância a respeito de si próprio. Procurar fazer com que seja consciente do seu modo de ser.

O apaixonado

Características: *emotivo, ativo, secundário*.

Existem apaixonados intensos e apaixonados atenuados ou reflexivos.

Os apaixonados intensos são sérios, sombrios, fechados em si mesmos. Isolados, muito impulsivos, impacientes, suscetíveis, críticos, intolerantes, fechados nas suas próprias ideias, intratáveis; querem dominar.

Os apaixonados reflexivos não são graves nem sombrios; são menos fechados em si próprios, e reflexivos, pacientes, tolerantes, abertos às novidades e não dominadores.

Ambos os tipos têm como fundo comum a violência, a ação decidida, o pensamento rápido, o senso prático, a amplidão de vistas, a independência, o espírito de observação, a boa memória, uma certa falta de coragem em face do perigo.

O APAIXONADO INTENSO

É o apaixonado em que a *emotividade,* a *atividade* e o *caráter secundário* estão presentes em excesso. Apresenta problemas educativos especiais e difíceis. Pode ser:

– *melancólico:* mais meditativo ou vingativo. A melancolia encoberta por um *ativismo* pode vir a manifestar-se em consequência de uma inferioridade ou de um problema moral. Possui uma suscetibilidade muito acentuada. É um estudante preciso e constante, muito inclinado às leituras sérias.

– *impetuoso:* com uma forte emotividade e atividade. Às vezes, assemelha-se ao colérico.

Mal-humorado, teimoso, não perde de vista o que deseja e o que se passa à sua volta. Cede diante dos argumentos da razão. Um impetuoso pouco dotado intelectualmente não aceitará o insucesso; quererá compensá-lo com o trabalho excessivo ou impondo aos outros a sua própria autoridade. A emotividade, unida ao caráter secundário, assumirá um tom afetuoso e alegre se o ambiente for favorável e agradável; num ambiente inadequado, dará fortes sinais de rebeldia. Ao apaixonado, ajuda-o somente a autoridade baseada na convicção afetuosa e no ambiente favorável.

Modo de tratar: precisa de uma direção sólida, mas nunca rígida e brutal. É preciso mostrar-lhe que é compreendido e que se pretende ajudá-lo, e evitar ofendê-lo ou trair a sua confiança: trata-se de um hiper emotivo. Falar-lhe ao coração e, ao mesmo tempo, persuadi-lo e convencê-lo. Em face da sua possível obstinação, não interferir nas suas reflexões e discutir amigavelmente as suas objeções. Nunca lançar mão de piadas e ironias. Habituá-lo a meditar os seus próprios atos e, para tanto, a servir-se amplamente do raciocínio. Apresentar-lhe os problemas com clareza, para que adquira esse hábito.

É necessário estar de sobreaviso com relação às crianças que meditam continuamente as injustiças das quais se acham vítimas. Esta tendência pode ser controlada com um ambiente aberto, acolhedor, otimista. Habituá-lo a conhecer os limites das suas possibilidades, e não ceder em nada uma vez que lhe tenha sido imposta uma justa proibição. Oferecer-lhe um ambiente agradável e ajudá-lo mediante a autoridade de uma correção fraterna.

O APAIXONADO REFLEXIVO

Aplica-se seriamente aos deveres escolares; nunca se mostra ansioso. As suas diversões são complicadas e inteligentes (gosta de montagens, por exemplo), e interessa-se por coisas, pessoas e acontecimentos devido aos problemas que lhe levantam. Devora livros escolares, de cultura ou de ciência; conserva com esmero os seus livros e cadernos. Já denota uma maturidade bem consolidada a partir dos 13 ou 14 anos. Às vezes tem manifestações de carinho, mas normalmente mostra-se reservado e tenso. Tem sentimentos familiares muito acentuados.

Não muito emotivo, revela uma perseverança tranquila e absolutamente contínua. Pouco impulsivo, sabe dominar-se e procura a conciliação; a sua violência não passa de algumas efervescências momentâneas; sem ostentação, assumirá um papel de D. Quixote, e não deixará de se obstinar enquanto achar que a sua causa é justa. Manifesta uma firme ponderação quando faz as suas escolhas. Geralmente, está entre os melhores alunos da escola, pois tudo o ajuda nesse sentido: a inteligência, a memória, o espírito de observação. É generoso, ajuda com prazer os colegas mais fracos, mas é, ao mesmo tempo, independente; gosta de trabalhar sozinho. Tem um vivo e forte sentimento religioso.

Modo de tratar: é preciso vigiar o nosso comportamento diante dele: é alguém que julga e sofre. O trabalho de grupo – que não é da sua preferência – dá-lhe o senso do social. Faz-lhe bem empreender pequenas viagens. Deve-se convencê--lo a praticar esporte, mostrando-lhe os benefícios que traz à sua vida pessoal, à sua saúde, etc. Animá-lo a praticar atos de coragem, para os quais se sente pouco inclinado. Os passeios com a família podem ajudá-lo muito. Estimular-lhe o gosto pelas artes plásticas, pela música, explicando-lhe que são úteis para o seu enriquecimento pessoal, para a sua cultura geral, etc. Dar-lhe uma formação religiosa baseada na reflexão; em vista dos seus fortes impulsos sexuais, oferecer-lhe explicações claras e simples, que assimilará com facilidade.

O sanguíneo

Características: *não emotivo, ativo, primário*.

É um caráter extrovertido, que logo se dá a conhecer. Manifesta grande atenção e interesse pelo atual e pelo que lhe está próximo, e tende ao concreto. Assimila facilmente a educação que recebe: na escola, está entre os melhores alunos, se for convenientemente acompanhado; e quando devidamente orientado, pode transformar em qualidades muito positivas tendências quase indiferentes à primeira vista. Tem uma certa *pobreza interior*, de que procede a sua curiosidade; manifesta uma vida moral débil pois não tem forças para dizer «não» a uma tentação. Pode cometer pequenas má-criações e furtos, mente com facilidade e mostra-se insensível quando é apanhado em flagrante.

Tem uma vida religiosa fraca: pratica exteriormente, mas «dentro» não tem nada. Para ele, «qualquer sacrifício requer demasiada renúncia»; é manso, independente nos juízos, gosta de discutir e tem opinião a respeito de tudo. Costuma ter uma inteligência superior à média e de tipo sintético. Gosta das visões panorâmicas e de tudo o que é positivo e objetivo (terá sucesso nas ciências); é atraído pelas novidades, interessa-se por tudo, mas o seu interesse diminui com as primeiras dificuldades; tem uma vontade medíocre.

Geralmente é afetuoso, mas egoísta: gosta das pessoas pelo que elas lhe proporcionam, e não pelo que são. Quando briga, reconcilia-se facilmente. É oportunista, versátil e diplomático: «É melhor não quebrar a cabeça e tomar as pessoas e as coisas como elas são». É muito permeável à influência dos outros. Hábil e cortês, tem presença de espírito e sai-se bem nas dificuldades, por exemplo em viagens, «caronas», etc. Gosta de esporte. Tem senso de pontualidade e um instinto inato de orientação. Persegue fins imediatos; grande trabalhador, mas com tendência para a mediocridade, não porque seja preguiçoso, mas porque passa de uma coisa para outra com toda a facilidade. Atravessa a puberdade sem grandes conflitos, mas apenas com a natural curiosidade. No estudo, corre o risco de vir a fazer «corpo mole» e de procurar diplomas fáceis; tende a buscar trabalhos de tipo administrativo.

Modo de tratar: conter e orientar-lhe a curiosidade, que no seu caso é alavanca excelente para sucessos futuros. Encorajá-lo para que a confiança que tem em si mesmo e nos seus propósitos o levem a realizar metas ambiciosas. Transformar a sua bondade um pouco exterior em bondade interior e profunda; torná-lo generoso. Solicitar-lhe a inteligência; submetê-lo a um esforço que seja contínuo, propondo-lhe objetivos concretos e constantes.

Estimular nele uma autêntica sensibilidade e ajudá-lo a combater gradualmente as reações primárias e a ausência de emotividade. Necessita de uma integração profunda no ambiente familiar; uma cálida intimidade ajudá-lo-á a crescer na sua afetividade. Necessita de um ambiente firme e ordenado, de uma disciplina vigilante, mas discreta; é conveniente seguir o seu trabalho escolar, observar como o executa, pedir-lhe e comentar com ele as notas, criticá-las sem amargura, mas com clareza; exigir-lhe mais aplicação, fixando metas e prazos para a sua consecução.

Para combater a sua tendência à ausência de emotividade, inculcar-lhe simpatia pelos seres vivos. Habituá-lo a contemplar a natureza; fazer-lhe notar a beleza de uma paisagem, fazer com que descubra o mundo dos contos, das histórias e das fábulas, das canções, etc.

O trabalho e a intervenção da mãe são decisivos nestes casos. Ela pode suscitar nele o interesse pelo trabalho e pela atividade em geral, e desenvolver-lhe a sensibilidade. Não é bom que ignore a dor e o sofrimento dos outros, que normalmente o deixariam indiferente. Pode ser eficaz fazer-lhe notar a suavidade da mãe, a boa vontade do pai, o afeto dos irmãos, mediante conversas simples, em tom de confidência, em que se lhe descubram horizontes mais amplos. Dominar-lhe a curiosidade, concentrando-a em interesses estáveis e concretos. Transformar a sua leviandade em autêntico otimismo; fazê-lo notar, caso por caso, os seus desleixos, e revelar-lhe a verdadeira causa dos seus insucessos e da sua «pouca sorte». Sublinhar, exemplificando com o caso de outras pessoas, os frutos e a satisfação que se seguem a um esforço constante. Na educação moral, propor-lhe um ideal que o atraia. Encarregá-lo de um trabalho, se possível com alguns dias de antecedência.

O fleumático

Características: *não emotivo, ativo, secundário*.

É extrovertido e na escola tende a ser ativo, meticuloso e hábil no raciocínio. Prefere brincar sozinho, ainda que aceite sem protestar, mas também sem grande entusiasmo, a companhia dos outros. É inclinado a executar com exatidão as suas tarefas; cuida e mantém em ordem as suas coisas.

Na vida familiar, desenvolve-se de modo tranquilo, sem maiores problemas; é dócil e não manifesta grandes efusões. Ama os pais por senso do dever e por gratidão. Nunca é causa de inquietação para a família ou de dificuldades para os professores. Isola-se de quando em quando com prazer; agradam-lhe brincadeiras calmas, como jogos de montar, baralho, xadrez. Mostra-se geralmente pouco loquaz, franco, simples, muito calmo. Manifesta, às vezes, um frio senso de humor.

Acomoda-se com facilidade, não gosta de novidades, é naturalmente disciplinado. Não é muito expansivo, tem interesses intelectuais, e uma propensão exagerada para a ordem e a limpeza extrema. Quando é encarregado de um trabalho diretivo, executa-o de maneira precisa e exata. Tem vontade de fazer bem as coisas e não teme o esforço, desde que se trate de coisas do seu interesse. É pouco esportivo. Cede de vez em quando às inovações, mas logo volta ao tradicional. No estudo, procura ter ordem, classificar e resumir o que aprende; gosta de estudos históricos e filosóficos. Possui um espírito sólido e aberto.

Modo de tratar: estimular-lhe a emotividade, gradativamente e com muito afeto, pois não se obterá nada dele através da violência. Favorecer-lhe os contatos com o ambiente; não fará logo grandes amizades, mas começará a abrir-se aos outros. A ação da família deve orientar-se sobretudo no sentido de levá-lo a conviver com os outros. Mostra-se de vez em quando alegre, cordial, quase afável; lembrar-lhe esses momentos, rodeá-lo dos amigos que prefere, eliminar pela raiz as suas manias habituais, introduzindo na sua vida algo de novo e inédito. Não permitir-lhe que se entregue excessivamente às suas reflexões e que se isole muito. Atacá-lo no seu ponto fraco: o raciocínio. Pô-lo em contato com a natureza, que de início nada lhe dirá, mostrando-lhe por exemplo a beleza de uma paisagem. Procurar que participe de jogos coletivos e de conversas de grupo; geralmente prevalece nele a atividade, e precisa efetivamente contar com ela, uma vez que é o seu elemento positivo. O ambiente familiar deve estimulá-lo e arrastá-lo, apoiando-se na sua *atividade*.

O amorfo

Características: *não emotivo, inativo, primário*.

Tem como traço fundamental uma preguiça evidente, distinta da do nervoso. Propenso à *tensão* psicológica. Está entre o nervoso e o sanguíneo: há, com efeito, amorfos paranervosos e amorfos parassanguíneos. Abre-se passivamente aos estímulos do ambiente. Executa docilmente as suas tarefas, se lhe são exigidas por uma «autoridade» que tenha competência; abandonado a si próprio, nada faria, e nunca faz mais do que lhe é pedido. Se um trabalho reclama esforço, adia-o para «amanhã». Deixa as coisas para a última hora, a fim de conseguir ajuda dos que já terminaram as suas tarefas. É bastante impontual.

Os parassanguíneos demonstram uma preguiça particular, embora alguns consigam bons resultados nas línguas vivas e em geografia. Se são preguiçosos, mas comem bem, dormem e brincam como as demais crianças, revelam uma preguiça de caráter; no caso contrário, são astênicos, e convém que sejam tratados pelo médico.

No amorfo predominam os interesses egoístas e materiais, como o comer e o beber; é o que mais come, e mais lentamente: comer em meia hora parece-lhe impossível; tem grande atração pela cama e pelo sono, e cuida pouco do asseio pessoal. Pratica esporte com prazer, se for esporte de grupo; não gosta de ginástica. Conformista, falta-lhe espírito prático. No trabalho e no estudo, quer sempre acabar logo e não cuida dos detalhes. É desordenado (alia a falta de jeito à preguiça). Exprime-se mal; procura economizar as palavras, encurtar as conversas, etc. Desperdiça comida, papel, material escolar, dinheiro. Gosta muito dos jogos de azar.

Modo de tratar: tem necessidade de uma autoridade clara e forte, de compreensão e firmeza, e de uma vigilância quase que diária em relação à preguiça. Não lhe devem ser propostos planos para o futuro ou objetivos a longo prazo. Provocar-lhe, não a vaidade, mas a autoconfiança que esta pressupõe. Encostá-lo à parede, para que escolha entre a imposição de um esforço e suas recompensas práticas ou morais, e o pressentimento de uma reprimenda e de uma punição. Realizará o esforço. É castigo adequado privá-lo dos doces ou de um divertimento ou um passeio, ou de alguma coisa de que goste. Dar-lhe a entender como é, com calma e naturalidade; pôr-lhe em evidência o seu gosto pela inatividade, a sua negligência, a sua tendência a adiar as coisas. Mostrar-lhe que existem nele inclinações que deve vencer de modo a preparar o seu sucesso, mesmo que os resultados sejam pequenos. Sugerir-lhe um trabalho de grupo. Se lhe for proposto um esforço bem proporcionado, executá-lo-á. Leva muito em consideração as críticas, as caçoadas, as observações dos seus companheiros.

Apelar continuamente para os seus gostos, tanto na família como na escola, a fim de que adquira o hábito de interessar-se e de esforçar-se. Ajudá-lo a fazer um programa de pequenos sacrifícios quanto ao dormir e ao comer.

Fazer-lhe notar as alegrias que dá o esporte, pois acabará por adquirir um certo prazer pelo esforço. Interessá-lo em excursões e passeios que possam ajudá-lo a mexer-se. Não permitir que se deleite na tranquilidade dos hábitos domésticos; dar-lhe exemplos de energia, entusiasmo e atividade. Envolvê-lo numa rede de deveres firmes e constantes, e não lhe permitir demasiadas desculpas por não os ter cumprido (mesmo em relação ao horário).

Fazer com que mantenha o quarto em ordem, limpe os sapatos e não seja negligente no asseio pessoal e no vestir. Fazê-lo lutar contra a *imprecisão na linguagem,* contra o desperdício, contra o hábito de tomar emprestado e não restituir, ou contra a impontualidade. Incentivá-lo a fazer cada dia alguma coisa pelos outros.

O apático

Características: *não emotivo, inativo, secundário.*

Finge bastante bem possuir uma riqueza interior que na verdade lhe falta por completo.

Na puberdade, é sujeito a reações de semioposição (fugas, pequenos furtos, mentiras). É preguiçoso: falta-lhe tensão e força psicológica, é desconfiado, guarda rancores profundos, obstinado. Revela princípios; é bom economizador.

Diverte-se pouco, responde pouco, mantém silêncios prolongados. No tempo livre, isola-se ou anda de grupo em grupo, sem parar em nenhum. É talvez o temperamento mais falso de todos. Faltam-lhe os recursos da energia. Não se interessa nem pelos companheiros nem por si próprio. Vive na «moleza» e passivamente. É o menos loquaz dos da sua idade. Fechado em si próprio, reservado, de humor instável, sente prazer na solidão e tem uma docilidade apenas aparente; interiormente não aceita nada. Não se inclina a compadecer-se: é de uma hostilidade fria e dissimulada.

Modo de tratar: utilizar métodos e procedimentos ativos; neste sentido, é ótimo interessá-lo num trabalho de grupo. Integrá-lo num ambiente social compreensivo e vivificante. Obrigá-lo a sair de si mesmo para dedicar-se aos outros; cultivar-lhe desde cedo as virtudes altruístas; atrair frequentemente o seu interesse. Para torná-lo mais ativo, despertar-lhe a atenção para as satisfações que acompanham o esforço pessoal, e situar este esforço na altura das suas possibilidades, ressaltando depois os resultados conseguidos; tirá-lo da rotina do automatismo, de modo a alcançar um comportamento autônomo e deliberado.

Na vida espiritual, impedir que renuncie aos valores muito altos e se detenha nos desejos pessoais mais imediatos. Elevar o nível das suas aspirações, propondo-lhe gradualmente novos objetivos e ideais a conseguir.

Direção geral
Renata Ferlin Sugai

Direção editorial
Hugo Langone

Produção editorial
Gabriela Haeitmann
Ronaldo Vasconcelos

Capa
Gabriela Haeitmann

Diagramação
Sérgio Ramalho

ESTE LIVRO ACABOU DE SE IMPRIMIR
A 04 DE ABRIL DE 2022,
EM PAPEL IVORY 75 g/m^2.

IMPRESSÃO:

PALLOTTI
GRÁFICA

Santa Maria - RS | Fone: (55) 3220.4500
www.graficapallotti.com.br